宮本常一コレクションガイド

宮本常一記念館 編

凡例

・本書に掲載した資料および写真図版は、すべて宮本常一記念館（周防大
　島文化交流センター）の所蔵である。
・本書掲載写真のうち、68-77頁の写真は宮本常一撮影、カラー写真は柳原
　一徳撮影による。
・解説文およびキャプションは、髙木泰伸（宮本常一記念館学芸員）が執筆
　し、森本孝（監修者・元日本観光文化研究所所員）、山根一史（宮本常一記念
　館学芸員）、柳原一徳（担当編集者）が校閲を行った。
・本書掲載の地形図は、以下の通り。
　25／42-43頁＝2万5000分1地形図「佐久島」昭和22年8月30日、地理調査
　所発行
　44頁＝5万分1地形図「八丈島」昭和27年9月30日、地理調査所発行
　41頁＝5万分1地形図「見島」昭和32年10月30日、地理調査所発行

目次

はじめに・・・・・・・・・・・・・・・・・・・・・・・・・4

I　蔵書資料
　　膨大な著作、そして旅を支えた蔵書と読書・・・・・・8

II　文書資料
　　庶民の発見、ノートと原稿用紙に綴った民衆の記録・・26

III　民具資料
　　暮らしの工夫と変遷を伝えるモノ語り・・・・・・・48

IV　写真資料
　　カメラレンズの向こう側・・・・・・・・・・・・・64

宮本常一略年譜・・・・・・・・・・・・・・・・・・・78

あとがき・・・・・・・・・・・・・・・・・・・・・79

はじめに

　明治40年（1907）に宮本常一が生まれてから、110年が経とうとしている。宮本は、時代が移り変わる中でも決して変わることのない、人と人のつながりを基盤としながら、ムラ社会が保有し続けた伝統的な規範に目を向けつづけた民俗学者であった。そして、人びとはどのようにして暮らしを豊かにしようとしてきたのか、どうすれば地域に暮らす人びと一人ひとりが誇りを持ちながら生きていくことが出来るかを模索し続けた人でもあった。そのような宮本のまなざしが、激しく移り変わる現代社会のなかで、ますます重要な意義をもってくるのは間違いないと予感している。

　その宮本のまなざしが刻み込まれた資料を所蔵する宮本常一記念館（周防大島文化交流センター）は、多くの人に支えられながら、本当に少しずつではあるが開館以前からその保存と活用に努めてきた。

　開館に先立って地元有志の協力を得ながら、宮本写真のデジタル化、蔵書の整理作業を継続して行い、宮本常一資料保存研究協議会および広島大学地域貢献研究の協力も得た。そして2011年には「蔵書資料」「文書資料」「写真資料」の三つに分類して整理作業に一区切りをつけることができ、資料閲覧に供する目録・データベースを作成するに至った。

　その資料整理と並行して、各種資料集やメディアへの資料提供、写真資料を活用したフィールドワークを継続して行い、『宮本常一の風景をあるく』（みずのわ出版）などの編集作業も行った。また宮本資料を中心とした年一回程度の企画展示も開催しており、昨年は大島大橋開通40周年にあわせて「暮らし結ぶ橋いろいろ」を開催したところである。さらに宮本の調査ノートを編集した資料集『宮本常一農漁村採訪録』も開館以来、継続して刊行している。

　しかし、来館の方からは、本館の展示図録が欲しいとのご意見をいただくことがしばしばで、特に収蔵庫の見学会など実施すると、全国の農山漁村を旅した宮本の足跡が刻まれた収蔵資料を一冊の本にしてほしいとの声も少なくなかった。

写真や関係資料を収録しながら、その人生を紹介した著作は須藤功氏が編集した『写真でつづる宮本常一』(未來社、2004年) があり、また『別冊太陽　宮本常一』(平凡社、2007年) も当館所蔵の青少年期の資料や宮本本人の写真などをふんだんに収録した編集になっている。だが、膨大な宮本関係資料を網羅的に収録した資料集の編集には、まだまだ相当の時間がかかりそうである。

しかし、そのような資料集の刊行のための一歩として、どのようなものがあるかの概要を示す図録形式のものであれば、一冊にまとめることもできると思い、本書を刊行するに至った。

宮本常一 (1907-81)。秋吉台にて。1964年7月

「Ⅰ　蔵書資料」では、宮本の読書遍歴を示す書籍、宮本の著作を紹介している。宮本の読みの諸相、広範な問題意識を反映した執筆活動の一端を感じていただければと思う。

つづく「Ⅱ　文書資料」では自筆の原稿、調査ノートなどを中心に収録している。生涯を調査研究の旅に費やした宮本、その肉筆が語る地道な記録の方法や、あふれるように書かれた庶民の歴史の叙述に、いまいちど目を向けていただくきっかけとなれば幸いである。

「Ⅲ　民具資料」は、本来は宮本関係資料とは別の資料分類にしているが、宮本のふるさとの生活文化継承への思いが刻まれた資料でもあるので、あわせて収録することにした。宮本の指導のもとで老若男女が一体となった民具収集が、その後の周防大島各地での、文化を生かした地域づくりの源流にあるといっても過言ではないからである。

「Ⅳ　写真資料」ではスクラップブックやコンタクトシートを掲載し、個別の写真はわずかに収録するにとどめた。写真資料についてはすでに相当数の写真集が

出版されているためである。なお、全体の構成を考慮して実際の資料分類とは異なるものもあることを、あらかじめご了承いただきたい。

　宮本常一生誕110年を節目の年として、当館が宮本の足跡を媒介としながら、本当の意味での文化交流の中心、人と人とをつなぐようなセンターになれるように、今後も資料の保存と活用の地道な取り組みを続けていきたいと思う。

　そのなかで、本書を入り口として、宮本常一に関心を持っていただき、宮本資料をもっと知りたい、また調査・研究に活用したい、資料のさらなる整備に協力したいという仲間が来館して下さることを切に願ってやまない。

　ともかく、この図録の刊行も、瀬戸内海の島で継続する文化活動のささやかな取り組みの一つとしてお読みいただければ幸いである。

（宮本常一記念館）

青年時代に読んでいた文庫本。ボロボロになって綴じ直した本も。

I　蔵書資料

膨大な著作、そして旅を支えた蔵書と読書

　時に本などを求めようと思えば、二食をさらに一食に減じ、ついに一日絶食ということもあった。そういう時には水腹ですごすのであるが、眼がくらみ足がふらつき、局から家まで三丁の道さえ歩く力が十分でなかった。体重はどんどん減じて十一貫代までおちた。しかし本だけはたえずよんだ。「何とかして立派な人間に」という意欲は常にもえた。

（「我が半生の記録」『父母の記／自伝抄』）

＊

　宮本常一は旅のなかでの実感や体験で得た豊かな見分を活かして、膨大な著作を残した。すでに宮本常一著作集は51巻を超えて刊行されていて、宮本が書き残したものをすべて網羅すれば100巻は超える。

　大内氏の研究などで知られる山口の郷土史家で、宮本と旧知の仲であった御薗生翁甫は宮本のことを、「万巻の本を読み、歩き、また本を読む」と評したという。

　その言葉がしめすように、宮本はたいへんな読書家でもあり、少年時代から数多くの書物に出会い、青年期には食事を削っても本を購入し、まさに寝食を忘れて読書に耽った。

　天王寺師範学校時代の恩師である哲学者の森信三は、卒業後の宮本のもとを訪ねた時のことを次のように回想している。

　「宮本氏の書斎兼客間だったかと思うが、一室に通されて、私は驚いたのである。というのも、当時、小学校の一教師をしながら、氏の蔵書と研究資料は、実に蔚然たる一大ラブラリーとも言うべきものだったからである。当時、私自身も、蔵書の上では、必ずしも人後に落ちない方であり、そしてそれは「大学の所在地にいなければ学問ができない」と云われていた、当時の一般的な考えに対して、ひそかに抵抗を感じていたからでもあるが、しかし、宮本氏の蔵書も当時、既に

かなり膨大な量に達していたのである」（森信三「わが尊敬する人　教えた人ふたり」）

しかし、青年時代から身を削って収集した蔵書は、終戦前夜の1945年7月10日にB29による空襲にあい、調査ノートや原稿とともにすべてを失ってしまうのである（本書24頁参照）。

よって当館が所蔵する資料は、周防大島の生家に残しておいた文庫本などわずかに戦火を逃れたものもあるが、ほとんどが戦後に収集されたものである。本館の宮本の蔵書資料は著作、書籍、雑誌、報告書などが含まれ、その数は全部で2万669冊にのぼる。そして驚くべきことには、宮本が自らの著作にも朱を入れて訂正しており、また多くの書物に線引きがあってほとんどに目を通した形跡が見られる。

資料を書棚から取り出す宮本常一。1950年代カ

この2万を超える蔵書資料は、宮本が生涯にわたり読書で培った知識をもって各地をあるき、また再び書物を手にしては思索を巡らせていたことを物語っている。宮本の旅のスタイルは「あるくみるきく」として評されるが、その前後には「よむ」「かく」があり、それが次の旅先、新たな課題へと向かう思考のサイクルに組み込まれていたのである。

本図録では、宮本が青年期に読んだ書物、また多くを学んだ柳田國男および渋沢敬三関係の書籍、写真集などの蔵書を紹介した。さらに著作のほんの一部であるが、その代表的なものについて紹介している。

当館はキーワード検索も可能な蔵書資料の目録を備えている。申請すれば出納して閲覧することが出来るので、ぜひ利用していただきたい。

『長塚節全集』第1巻‐第6巻（春陽堂、1926-27年）

書物はまさに私の魂に快い刺戟を与えた。『長塚節全集』、『子規全集』、『万葉集』、『古事記』、芭蕉の諸著、それらはいずれも私の心をゆたかにした。

（「我が半生の記録」『父母の記／自伝抄』）

上　クロポトキン著・大杉栄訳『相互扶助論』（大杉栄全集第10巻、現代思潮社、1964年）／学生時代に読んだ同著。戦後の全集発行後に再読した線引きが見える。
下　ファブル『昆虫記』9-20（岩波書店）／宮本は1930年からの病気療養中に読み、著者の観察眼と情熱に深い感銘をおぼえたと回想している。

宮本を民俗学研究の道へといざなった柳田國男の著作。このほか『柳田國男全集』をはじめ多数の著作、柳田編集の雑誌類も所蔵しており、いずれも本文には線引きがみられる。

店頭で「旅と伝説」という雑誌を見かけて買った。すると、この雑誌に柳田先生が「木思石語」を連載しはじめられた。書かれていることの半分もわかりはしなかったけれど、たいへんひきつけられて読んだのである。
　　　　　　　　　　（「あるいて来た道」『民俗学への道』）

服飾習俗語彙
1938年5月 再版1940年7月

石神問答 1941年12月

小さき者の声 1942年11月

昔話覚書 三省堂版
1943年4月 第2版1946年9月

先祖の話 1946年4月

昔話覚書 修道社版
1957年10月

島の人生
改訂初版1961年7月
再版1962年9月

宮本の蔵書印と書き込みのある書物。印は"Miyamoto Tsuneichi"のMとTを組み合わせたものが用いられる場合が多い。また本を入手した日付やいきさつなどが記されていて、「柳田先生ヨリイタダク」（中段中央）とか、柳田の秘書であった「鎌田久子さんから」（中段右）などが見られる。

生涯の師である渋沢敬三の著作。特に水産史研究、民具研究、塩業研究は、渋沢のライフワークであり、その研究姿勢、豊かな構想力と実行力に宮本も多大な影響を受けた。

先生はあいまいなことをゆるさぬ人であったから、議論をしはじめると納得のいくまで話しあう。団子理屈や推定は通らぬので、話の途中で引用した書物が出ると、一々書架からぬいてたしかめて見る。夜一〇時ごろから話をはじめて、すこしこみ入ったことになると、三時になるのは普通であり、その間に机の上が本の山になることがあった。私など、こうした訓練をうけて本を読み、本を利用するすべを知ったのであった。

（「渋沢敬三先生」著者集第50巻）

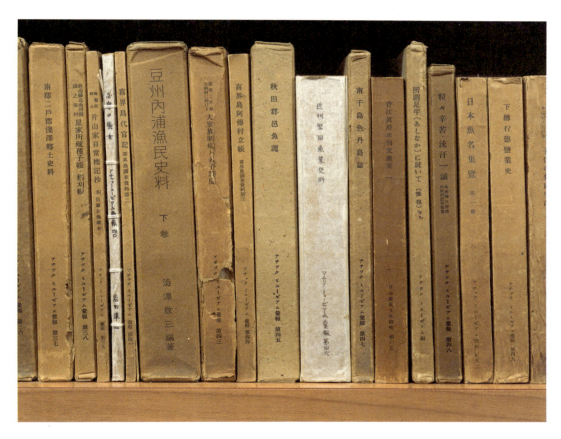

渋沢敬三が主宰したアチックミューゼアム(後の日本常民文化研究所)の刊行物。学術的な資料集が数多く刊行され、その後の民俗学研究基盤の整備に寄与した。また多くの若き民俗学徒たちがこの研究所から育っていった。

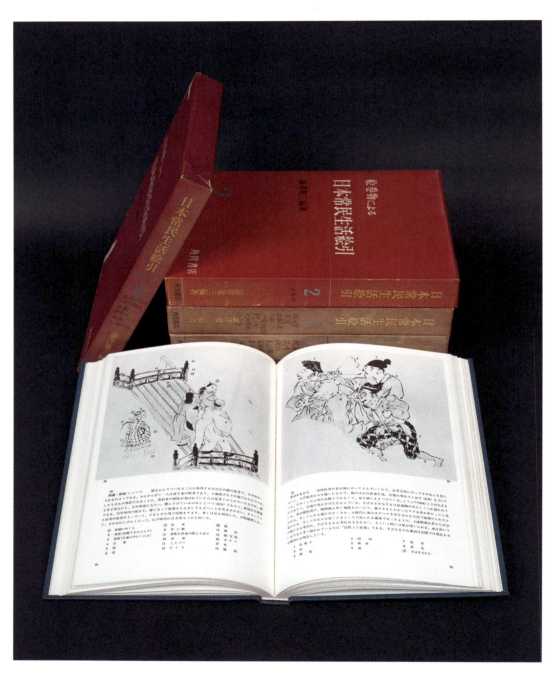

渋沢敬三編著『絵巻物にみる日本常民生活絵引』1-5（角川書店、1965-68年）
／渋沢が企画した絵巻物の研究会の主要メンバーであった宮本常一が精力的に編集・執筆した。

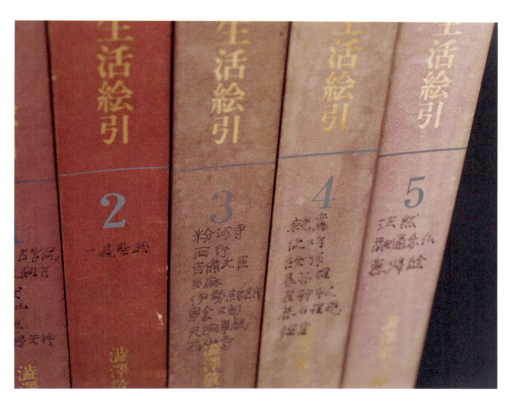

宮本の蔵書の背表紙には研究、講演、原稿書きなどですぐ参照できるように収録した絵巻物のタイトルが書かれている。

ついに『融通念仏縁起』をかきあげる。昭和二九年の暮以来研究し書きつづけて来た『絵引』がついにできあがった。渋沢先生が生きていて下さったらとしみじみ思う。全五巻をかくのに一二年かかった。長い年月であった。私にとっては一つのライフワークといえる。

*『宮本常一写真日記集成』1967年6月23日／渋沢敬三は1963年10月に逝去。絵巻物の研究会が戦後再開するのは昭和30年12月で記憶違いか。

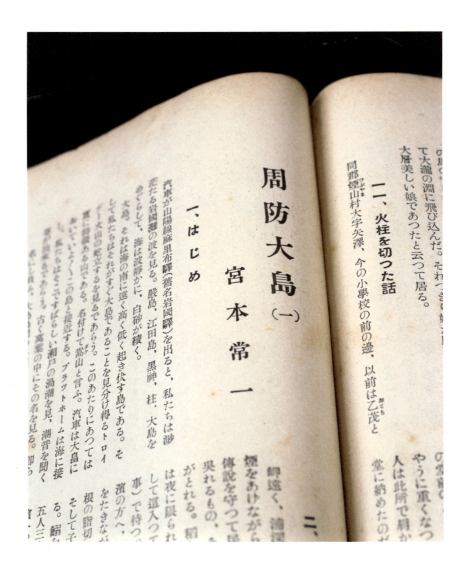

「周防大島(一)」(『旅と伝説』第3年1号、1930年1月)／柳田國男の勧めで書いたはじめての論考。同年7月まで5回にわたって連載される。

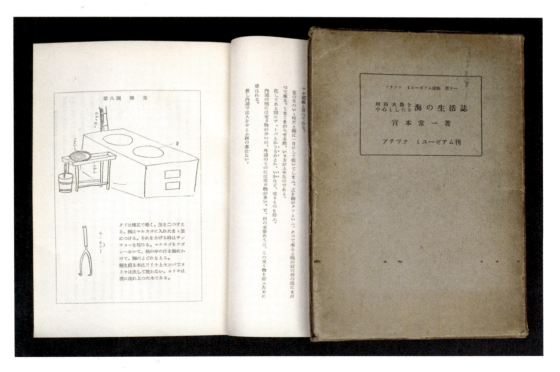

上 『瀬戸内海の研究（一）島嶼の開発とその社会形成』（未來社、1965年）
／宮本常一が東洋大学へ提出した博士論文を底本として刊行された。
下 『周防大島を中心としたる海の生活誌』（アチックミューゼアム彙報第11、
1936年）／渋沢敬三の勧めにより書き上げたはじめての単著。

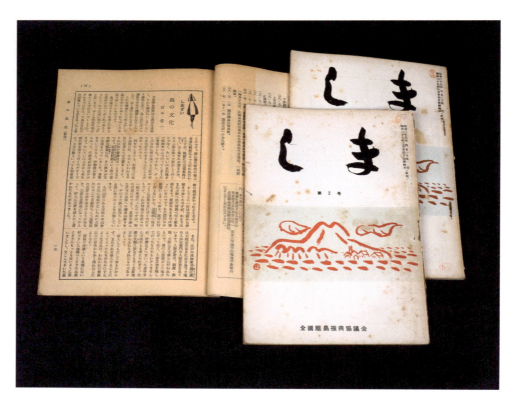

上　宮本が調査に参加した九学会連合調査の報告書。『対馬の自然と文化』（古今書院、1954年）、『能登』（平凡社、1955年）、『佐渡』（同、1964年）、『下北』（同、1967年）
下　宮本が初代事務局長を務めた全国離島振興協議会の機関誌『しま』。左は創刊号（1953年12月）

宮本常一が編集・執筆に中心的な役割を担った『日本残酷物語』全7巻（平凡社、1959-61年）と『風土記日本』全7巻（平凡社、1957-60年）

民間暦 1942年8月

家郷の訓 1943年7月

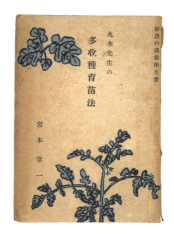
多収穫育苗法 1948年8月

越前石徹城民俗誌 1949年4月

ふるさとの生活 1950年4月

中国風土記 1958年10月

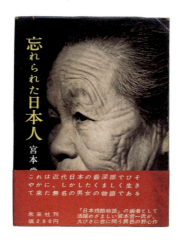
忘れられた日本人 1960年7月

日本の離島 1960年9月

庶民の発見 1961年3月

岩波写真文庫やアサヒ写真ブック、熊谷元一、濱谷浩などの写真集も、宮本常一は広く収集していた。

一個のカメラに人間の眼が結びつくと、
われわれの気づかない多くのものを教えてくれる。
（「写真地誌など」『しま』第3号）

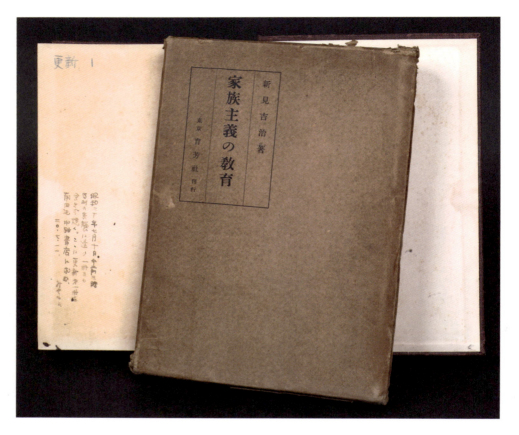

新見吉治『家族主義の教育』(育芳社、1937年)／空襲にあったその翌日に購入した一冊。「更新1」と書き、「昭和二十年七月十日午前三時B29の来襲に逢ひ一冊をも余さず焼く。こゝに更新第一冊を南田辺中路書店に求む。二〇.七.一一　みやもと」と記されている。その後の7月16日にも再び書籍を購入していることが『日記』で確認される。

　目がさめると敵機の爆音が近いので支度をして外へ出ると堺がやけてゐる。容易ならぬものを感じ家の者を起して支度させる。(中略)全くすごい。裏の畑をにげあるく。遂に我が家も被弾。併しすぐ消火する。結局延焼する。水がなかったのである。
　午后早くかへしてもらふ。途中南田辺の中路へよって4、5冊本を買ふ。また本買ひだ。

(『宮本常一写真日記集成』1945年7月10日・11日)

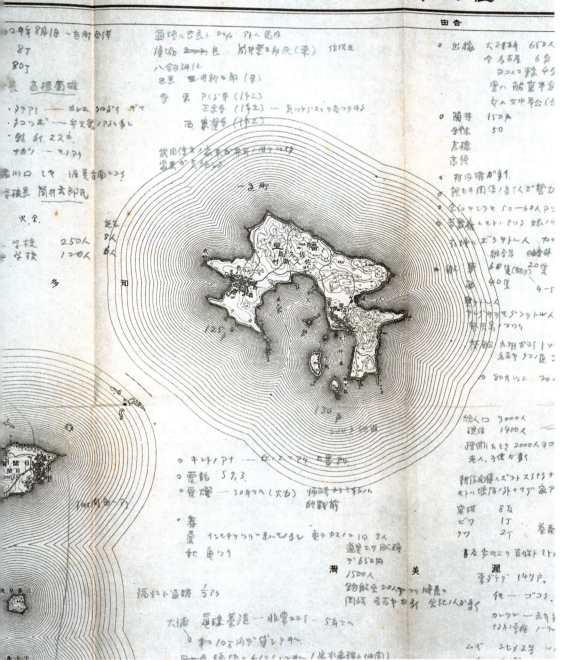

宮本が旅に持参した佐久島（愛知）の地図。自筆の書き込みがある。

II　文書資料

庶民の発見、ノートと原稿用紙に綴った民衆の記録

　一人一人の人間に、みなそのようなライフヒストリーがあるはずである。そしてそのような物語を持つということはその生活がきわめて充実したものであったことを意味する。一日を語り通してくれた人なら実にたくさんいた。そればかりではなく、私はそれぞれの土地の農業技術などについて実に多くを教えられた。

（『民俗学の旅』）

*

　宮本常一は調査先の農山村や漁村で出会った人々と膝を交えて語り合い、それを膨大な調査記録として残し、農山漁村の暮らしやその変遷を今日に伝えている。

　本館が所蔵する文書資料には、宮本の自筆原稿、旅先での聞き書きや古文書を書き留めた調査ノート、また各地で収集した資料、さらに書簡類があり、現段階で目録に整理した総数は6235点に上る。さらに追加して整理すべき資料が相当数あるので、おそらく文書資料の総数は1万点を超えると推定される。

　宮本の調査の確かさは、師である柳田國男や渋沢敬三も高く評価していた。それは宮本がふるさとで幼少期から培った「百姓」としての経験が、農民・漁民に違和感を抱かせず、どこでも彼らの仲間として迎え入れられたからである。『日本残酷物語』などの出版で親交の深かった平凡社の編集者で後に民俗学者となる谷川健一氏も、宮本のことを次のように回顧している。

　「私は宮本氏に出会ってはじめて、庶民の生き生きした姿を実感することができた。宮本氏は生まれ育った環境からして、生得の庶民だったから、民俗学者として「庶民の魂」をつかむことは誰よりもうまかった。しかも旅に明け暮れる日々を生涯つづけてきたのだから、その庶民の姿はゆるぎない確信をもって迫ってきた。私が民俗学に後半生を費やしても悔いない気持を固めたのは、宮本氏から教えられた庶民像が決定的である」（谷川「宮本氏との出会いを中心に」『女の民俗誌』）

　本図録には宮本の自筆原稿の一部も収録した。どの原稿も万年筆書きの几帳面

長州大工の子孫から話を聞く。高知県池田町にて。1979年7月

な字でマス目が埋められている。そしてどの原稿も、修正がほとんどないことに驚かされる。それは宮本の途切れることのない饒舌な語りを連想させるような筆の動きであり、膨大な著作を遺したその息遣いを感じることが出来る。

　また、執筆の背景となる調査ノートも紹介している。カタカナ書きでつづられたノートは話の筋が通った内容になっており、宮本が聞きながらにして相手の意図することを良く汲み取り、書きとめていったことを物語っている。さらに、宮本は古文書の解読も精力的に行っており、水産史料の調査の折にはいくつもの文書を短時間に数多く筆写している。

　聞き書き、史料調査の名手たる宮本の真骨頂が示されたこれらの調査ノートは資料性が高く、当館が開館して以来、『宮本常一農漁村採訪録』として、ここに収録した対馬や瀬戸内地域、見島の調査ノートなど現在までに19冊を刊行している。

　また宮本は地域調査の際に必ずその土地の地形図を携行していた。本図録には宮本の地形図の利用方法を窺うことができる無数のメモが記された地図を掲載した。山口県の日本海側の見島調査時のように、幾種類もの地図を用いて調査に臨んでいることもしばしばで、このような地図の積極的な利用は、宮本が天王寺師範学校に学んだ学生時代に地理学を専攻していたことも深く影響している。

　日々の調査と丹念な記録の積み重ねによって集積された6000点の文書資料には、宮本民俗学の特徴である民衆の暮らしとその息遣いが確かに記録されている。これらの文書資料は企画展示等のテーマに沿って今後も紹介する予定である。

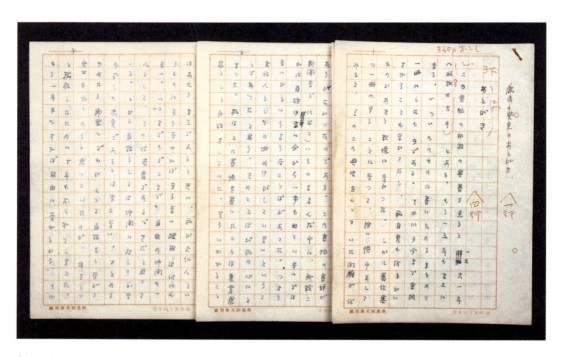

「庶民の発見」あとがき原稿
B6祭魚洞文庫用紙7枚、万年筆書き、ホッチキス・紙縒留め
宮本常一著作集第21巻への収録に際して執筆されたもの。
祭魚洞文庫は渋沢敬三が漁業関連資料を集めた私的文庫で、「あとがき」は
同文庫専用原稿箋に書かれている（31頁も同様）。祭魚洞は渋沢の雅号。

私が文化人というものにならなければならない理由は何もない。いつまでもどこまでも百姓の仲間の一人として、その代弁者であるべきだと思っている。

（『庶民の発見』著作集第21巻）

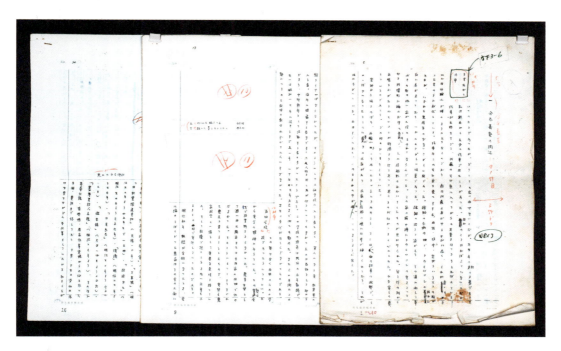

「私の日本地図11　阿蘇球磨」原稿
B4同友館原稿用紙247枚、万年筆書き、ホッチキス留め
『私の日本地図』は同友館より全15巻が刊行されたシリーズ。本巻の刊行は1972年。現在は未來社から著作集別集として復刊されている。原稿からは写真を先に配置してからマス目を埋めていったことがうかがわれる。

写真を中心にして写真を説明するような形式で、時には写真をとったときよりもまえの旅のことなどを回想しつつ書いて見ることにした。そうすれば写真とつかずはなれずの文章になる。これは古い絵巻物の形式になる。

（『私の日本地図1　天竜川に沿って』）

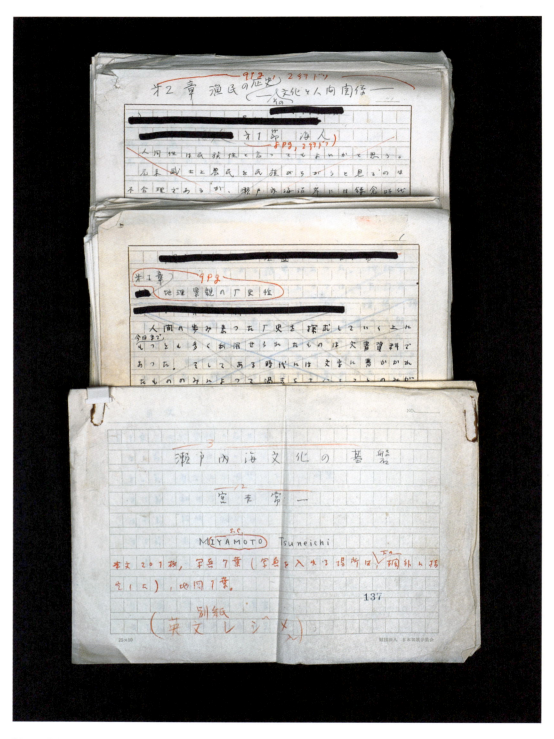

「瀬戸内海文化の基盤」原稿
B5原稿用紙3枚・A6原稿用紙201枚、万年筆書き、クリップ留め
『民族学研究』26-4、1962年に掲載された論文。島嶼地域の開発など後の
『瀬戸内海の研究』へ連なる問題が提起されている。『風土と文化』（著作集
第3巻）に収録。

「甘藷の歴史」原稿
B6祭魚洞文庫用紙628枚、万年筆書き、ホッチキス・紙縒り留め
未來社より『日本民衆史』シリーズの第7巻として1962年に刊行。他に「開拓の歴史」「山に生きる人びと」「海に生きる人びと」「村のなりたち」「町のなりたち」、そして没後に刊行された「生業の歴史」がある。

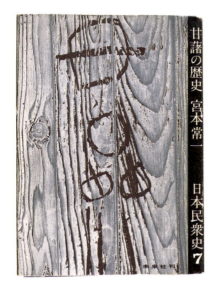

戦後間もないころ、大阪の生駒山西麓の小さい村でこうした隠し畑が100丁歩も見つかったことがあった。台帳を持って現地にあたって見ていくうちに明らかになったものである。新聞は村民がいかにも不徳のかたまりのように書いたが、甘藷をつくる畑作地にはきわめてあたりまえのことであった。そしてそういう実例には私も瀬戸内海の島でたびたびぶっつかっている。こうしてまず為政者の気のつかぬところへ耕地をひろげていった。

（『甘藷の歴史』）

対馬調査ノート「42対馬調査5 豆酘 浅藻」他／周防大島久賀から移住した浅藻の漁師梶田富五郎翁の聞き書き部分と、北端の集落・鰐浦の漁具のスケッチ。
九学会連合による1950-51年の対馬（長崎）の総合調査時の資料。この調査時の聞き書きノートやスケッチ、古文書筆写の原稿綴り、集落地図など全部で約80点が残されている。九学会は言語学・人類学・地理学・宗教学・民族学・民俗学・考古学・社会学・心理学の各学会から構成され（1950年は八学会）、宮本は日本民族学協会から漁業調査の担当者として参加。1950年7月9日-8月19日、1951年7月6日-8月11日に対馬に滞在して調査を行った。

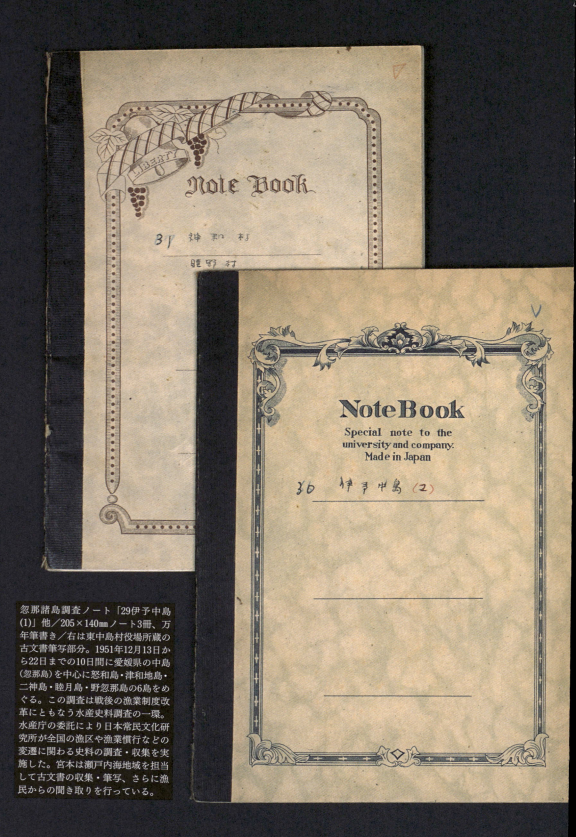

忽那諸島調査ノート「29伊予中島(1)」他／205×140mmノート3冊、万年筆書き／右は東中島村役場所蔵の古文書筆写部分。1951年12月13日から22日までの10日間に愛媛県の中島（忽那島）を中心に怒和島・津和地島・二神島・睦月島・野忽那島の6島をめぐる。この調査は戦後の漁業制度改革にともなう水産史料調査の一環。水産庁の委託により日本常民文化研究所が全国の漁区や漁業慣行などの変遷に関わる史料の調査・収集を実施した。宮本は瀬戸内海地域を担当して古文書の収集・筆写、さらに漁民からの聞き取りを行っている。

風早島菅野村地組走書写蔵書　大正十三年二月

菅野村地作地組

一　拾弐丁五反

古町拾弐丁五反五畝

　　古町一反十三歩

一　改町老反拾弐步　　神田

　古町弐反九畝弐拾三步

一　古反九畝弐拾八步　　庄屋跡田

　古町拾壱町九反田畝弐拾四步

一　旧拾心弐町　　　　田方此度改町

　古町差引五畝

一　古町八丁五反七畝、

一　拾壱丁九反五七　　畑方改町

　一　壱斯拾五步

　一　四畝五步　　　俵蔵床

　一　五畝　弐步　　仏地畑

　一　五反壱畝　　　織寄地

　一　弐反之畝　　　植拾所打中持

　一　壱町九反方畝　　自施直給居屋敷

　一　壱町弐反田步　　　野畑

　一　七畝三反田畝　　　野畑

　一　方丁　　　　　同植拾之分

一　……拘中人別捌敵之分拾弐棟ニ壱組合

一　自敷及近年之内棟分ヶ別竟壱敷之分弐敷兎
　　屋屋敷分却敷免之外ニ新屋敷弐蔵給拝敷畑弐反分捨丸まて

一　百敷及近年之内棟分ヶ別竟壱敷之分弐敷免……

一　無給分居屋敷之僕八是近拯末地町其作相改類畝改高ハ……相應
　　度居跡ニ舖出ヶ処　無給分居屋敷却敷より分新拂拾居ヶ者乙有之

一　無給分居屋敷之僕ニ甚地新增之直墾きひ舖拾又ハ高給壱同居
　　屋敷九拿畑府残置跡地下遇ニ壱拂申九吞乙有之ヶ

一　無給仙藏州壬屋人ヶ昼止居屋敷過五ニ分畑方之反壱敷兄相應……
　　額出申ヶ

一　稱多尾畝之像男店奥悉ニ屈拙慶事ヶ如此慶地町甚居拂改念之團
　　ヶ屬ハ二分壱分代　壬奏住ニ店隆九ヶ相慶申慶昼鋪出ヶ

　一　弐畝　弐步

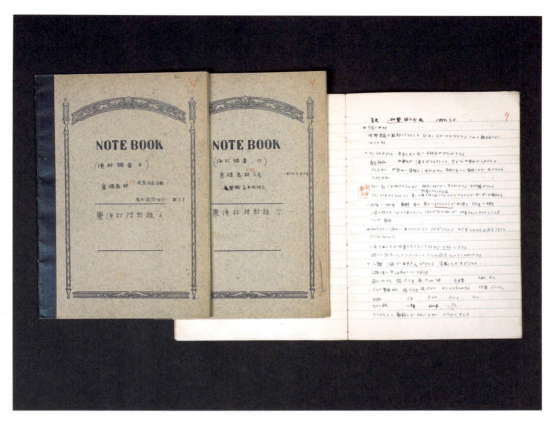

倉橋島調査ノート「農漁村採訪録5　倉橋島村本浦・室尾」他／205×140mm
ノート3冊、万年筆書き
1950年3月8日、室尾の加登保五郎より聞き書き部分。イワシ網の朝鮮出漁などについて話を聞く。1950年3月5日より10日まで水産史料調査のために渡島。

後に室尾に流行し、私のおとずれた昭和25年頃には小学校の課外に三味線の授業がおこなわれている程であった。しかしいまは三味線もかえりみられなくなったようである。私のたずねていった加登さんの家など、オモテの間の壁に三味線が五棹もかけてあった。人はどのようにいそがしくまた苦しい生活をしていても、同時に自らを勇気づけたのしむことを知っているものである。

（『私の日本地図4　広島湾付近』）

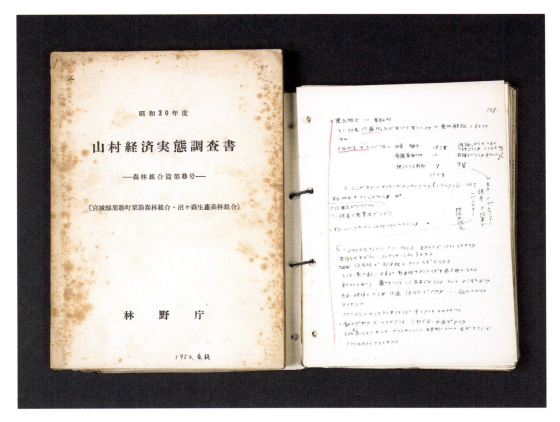

『山村経済実態調査書―宮城県栗駒町栗駒森林組合・沼ヶ森生産森林組合』
(森林組合篇第8号林野庁、1956年)と、「宮城県栗原郡栗駒町調査ノート」(A5
罫紙ほか137枚、万年筆・赤鉛筆書き、紐留め)
農地解放と不在地主の山林経営などについての聞き書き部分。林業金融調
査会のメンバーとしてたびたび山村経済実態調査に参加。この時は1955年
11月14日から18日に栗駒に滞在して、報告書の執筆は同年12月からはじめ
て、日記では翌年2月2日に原稿を提出している。

そこで話はすすんで、農林中金、農林漁業金融公庫、全国森林組合連合会などから金を出してもらい、林野庁森林組合課の後援で、財団法人林業金融調査会を組織し、平野(勝二)さんが常務理事になり全国山村の社会経済実態調査を開始した。この事業は昭和43年におよび、調査した山村の数は二百ヵ所をこえた。(中略)若い人たちは実によく活動した。そして一方ではそれぞれテーマを持って、そのテーマを追うて研究をすすめていった。そのことによって若くりっぱな学者が育っていった。

(『民俗学の旅』)

「飛島聞書」／A5ノート43頁、黒ペン・赤ペン書き
1963年8月22日から24日の滞在時の聞き書きをまとめたもの。離島青年会議で知り合った池田英男、地元の郷土史家・本間又右衛門と島内をめぐる。この時の見聞をもとにして「飛島の女」(『女性残酷物語』大和書房、1968年、のち著作集35巻収録)を執筆している。

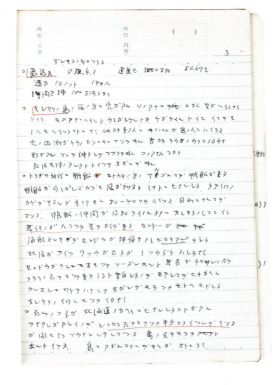

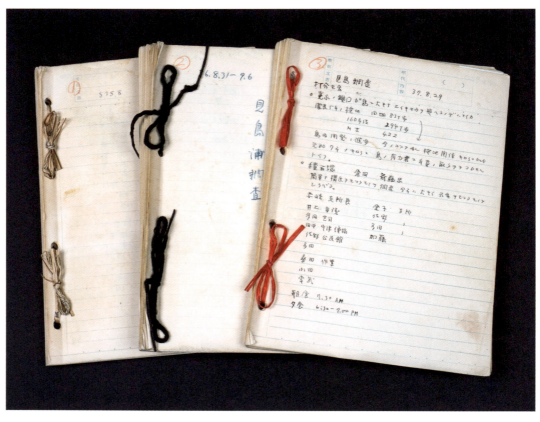

「見島調査ノート」全3冊
A5罫紙99枚・133枚・89枚、万年筆・鉛筆書き、紐留め
1960年から三ヶ年にわたって行われた見島総合学術調査。宮本は1960年8月1日-7日、61年8月31日-9月6日、62年8月29日-9月5日に渡島して調査に従事。その成果は『見島総合学術調査報告書』（山口県教育委員会、1964年）にまとめられ、宮本は見島の漁村構造とその変遷について執筆している。

あるいているうちに気のついたことがある。村の家の中に蔀戸のある家と引戸（妻戸）のある家とがある。そこで村の中を一まわりしてみた。すると海に遠いところにある家はすべて引戸になっている。家の前には物をほすことのできる広場がある。海岸に近い方の家は殆んど蔀戸になっている。引戸の家と、蔀戸の家の間には境がはいる。そして蔀戸のある家の方が漁家であり、引戸の家の方が農家であることもわかって来た。そして浦方と地方の区域もそれでおのずからわかってきた。

（『私の日本地図13　萩付近』）

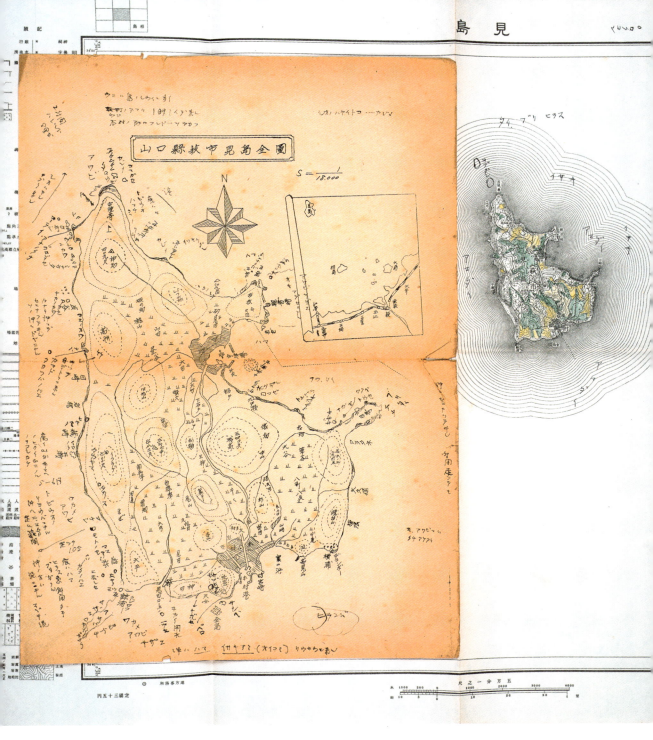

左:「山口県萩市見島全図」／B4わら半紙、孔版
調査員に配布された資料に漁場・魚種、岬や浦の呼び名を書きこんでいる。
右:「見島地図」／450×550mm洋紙1枚、活版
見島周辺の漁場・魚種を書き込み、さらに水田を緑、畑地を黄色に色塗りしていると推定される。等高線で区切られた地図に人の営みを重ねて資料化していく手法がうかがわれる。

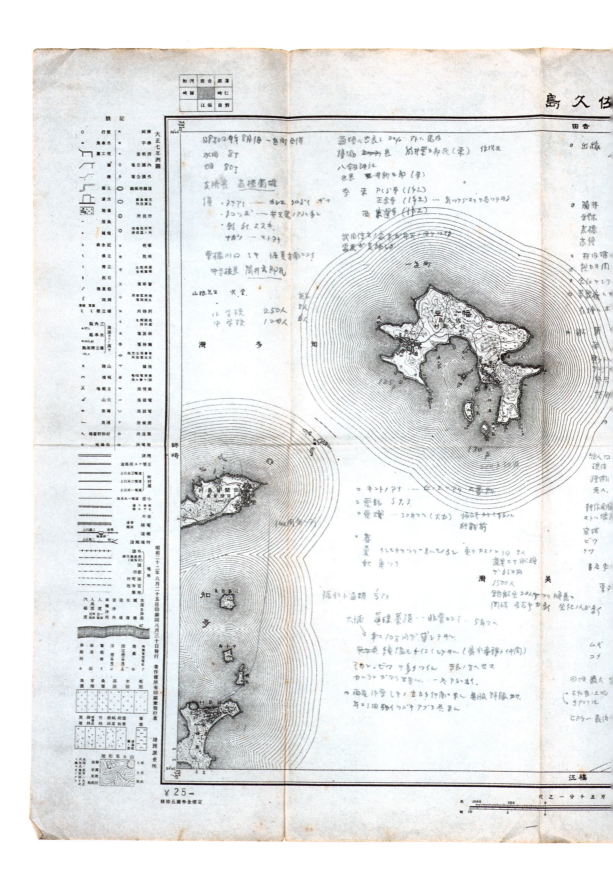

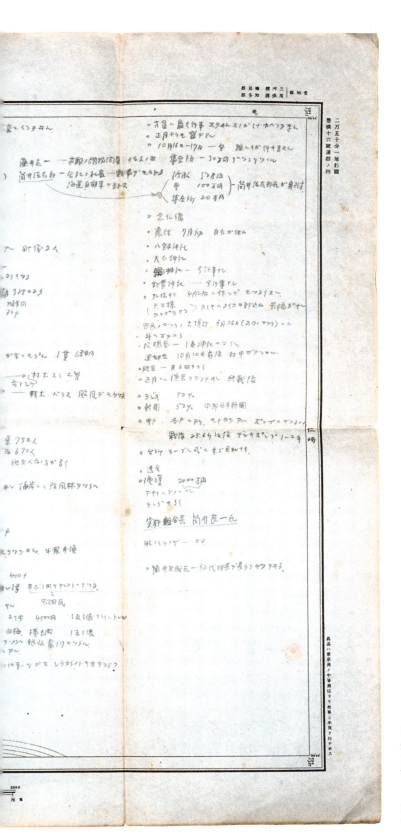

「佐久島地図」／455×575㎜洋紙1枚、活版
余白に耕地面積や漁獲、出稼ぎや信仰などの情報を書き込む。
佐久島へは1956年10月8日-10日、1957年7月2日-9日に名古屋大学が行った人間関係総合調査にあたり渡島。宮本はこの成果報告書『日本人』(黎明書房、1962年)で「佐久島の歴史」を共同で執筆している。

「八丈島地図」／455×575mm洋紙1枚、活版
幹線道路が赤ペンで塗られている。宮本常一が八丈島へ渡島したのは1958年4月10日-12日で森永工場や港を視察し、地元の有志との座談会を行っている。この時に使用した地図であると推察される。また東京都離島青年会議の開催に際して1966年7月22日-29日、さらに1978年7月26日-29日にも滞在している。

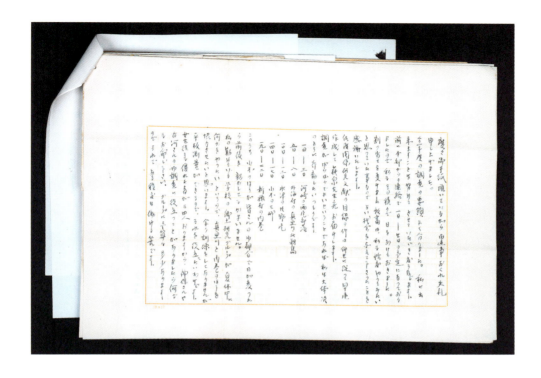

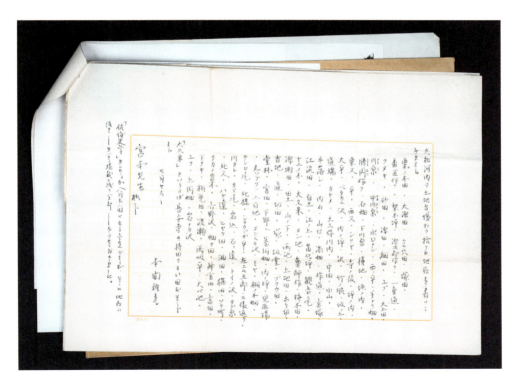

「宮本常一宛本間雅彦書簡綴り」
140×90mmはがき1枚・A4原稿用紙8枚、洋形3号ほか封筒3枚、万年筆書き
本間雅彦氏は佐渡の高校教師で郷土研究家。1960年7月29日付の書簡には九学会連合による佐渡調査(二年目の本調査)の日程や調査内容、特に地名研究についてのやりとりが記されている。

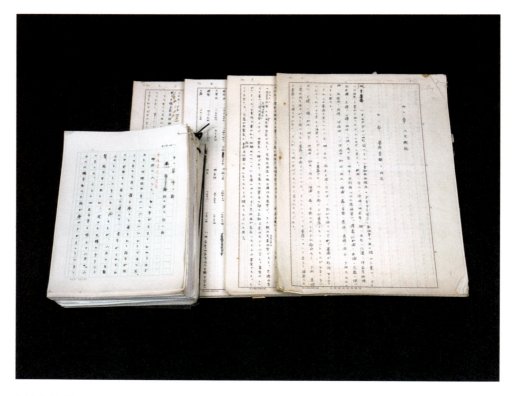

「東和町誌原稿」
B4東和町誌原稿用紙・B5原稿用紙1525枚、万年筆・鉛筆書き
宮本常一は古代から現代にいたる故郷の歴史をほとんど一人で執筆していた。しかし完成間近の1981年1月に逝去したために町誌は未定稿となっていた。そこで、宮本が所長を務めていた日本観光文化研究所（観文研）が宮本の志をくみ編集を行うこととし、当時観文研の主任研究員だった山崎禅雄氏が中心となって、宮本の長男の宮本千晴氏、宮本の調査仲間の田村善次郎氏などの協力を得つつ編集を進め、翌1982年9月に『東和町誌』本編が刊行された。

オイコ。ツメの部分に荷を乗せ背負って運ぶ道具。使う人によって大小が異なり、薪や柴、イモやミカン等の農産物、農業資材の運搬など用いられた。

Ⅲ　民具資料

暮らしの工夫と変遷を伝えるモノ語り

　民具研究は単に民具を研究することではなく、民具を通してあるものを研究することではないかと思う。そのあるものとは文化とか技術とかを明らかにしていくことであり、個々の民具を知ることは手段であったといっていい。

（『民具学の提唱』）

＊

　言葉や昔話に伝承があるのと同じように、人間が作り使った民具にも、人びとが試行錯誤した工夫や努力の跡が刻み込まれている。宮本常一は地域に残されたさまざまな資料、すなわち生活と生産用具等の民具から、その土地の文化、そしてその総体として日本人の文化とはいかなるものであったのかを追及した。

　宮本民俗学のなかでは、この民具研究が重要な位置を占めていた。一つひとつの集落、村、地域で、どのように生産、生活の工夫がなされたのかという技術変遷の歴史に思いをめぐらせ、さらに人々の手先の延長としての道具の使い方を行動目的から科学的に見ていく方法と結び付けながら民具学確立の必要性を提唱した。また一戸の家、地域全体が保有する民具の種類や量も重視し、同じような民具でも大きさや形が異なることがあること、さらに民具の制作工程や流通経路、使用方法についても丹念な調査と記録が必要であると説いた。

　宮本の民具研究には、渋沢敬三が主宰したアチックミューゼアムでの物質文化研究が強く影響している。渋沢は、民具研究の先駆者であり、日本全国、さらにはアジア地域の民具収集に努め、自らも履物の分析等を通じて研究手法の確立に大きな足跡を残している。

　宮本が武蔵野美術大学で教鞭をとっていた1960年代の半ばには、高度経済成長にともない生産・生活のスタイルも大きく変化して、自然材で出来た民具が急速に失われていく危機にあった。各地域では伝統的な生活様式を記録し、歴史を見直す動きもみられ、宮本も大学の教え子や、日本観光文化研究所に集う若い仲間

たちとともに全国各地で民具を通じた生活文化の研究とその継承活動を推進した。

佐渡国小木民俗博物館（新潟）が所蔵する民具は、宮本らが収集・調査した資料であり、「南佐渡の漁撈用具」として重要有形民俗文化財に指定されている。またダム建設に伴う水没地の緊急民俗調査にも協力し、民具の

東和町青年団の民具収集を指導する宮本常一。1976年4月

収集・調査・研究を行った。例えば中国地方では椋梨ダム（現三原市）、阿武川ダム（現萩市）、生見川ダム（現岩国市）の建設に伴う水没地域の民具を収集・調査している。

故郷周防大島でも、1972年頃から久賀町民俗資料保存会の求めに応じて民具収集、歴史民俗資料館建設を指導し、1976年からは東和町青年団を中心とした民具収集も指導した。同時期には東和町誌の執筆編纂を行い、また東和町郷土研究会の設立にも協力し、さらに東和町郷土大学設立といった一連の文化事業、地域づくりの動きを宮本は主導している。また、屋代ダムの水没地の緊急民俗調査を行い、これが宮本の最後の実地調査になった。このような宮本の指導もあって周防大島町では、町教育委員会が所管するだけでも3万点を超える民具がある。そのうち「久賀の諸職用具」2707点は藍染めや機織り、桶職人、石工、舟大工などのモノづくり道具を中心とした収集で、国の重要有形民俗文化財に指定されている。

同じく重要有形民俗文化財に指定された「周防大島東部の生産用具」（全3465点）から、本図録には農具、大工道具、養蚕用具、漁撈用具を収録している。同資料群は旧東和町域で使用された生産に関わる民具をまんべんなく集めているのが特徴である。そして宮本の民具学に基づく収集方法を実践してクワ、カマ、出稼ぎの大工集団である長州大工が使用したカンナのように、同種類でも何十点も登録している。この民具収集は宮本没後も継続しており、それらの資料から近世以来に漁村として発達し、移民を多数輩出した沖家室島の一本釣りの道具や、「かむろ針」の製作用具等などの特徴的な民具を紹介した。その他に当時の東和町の民具収集の牽引役の青年からの書簡、宮本の仲間たちが記した民具調査台帳の一部もあわせて収録した。

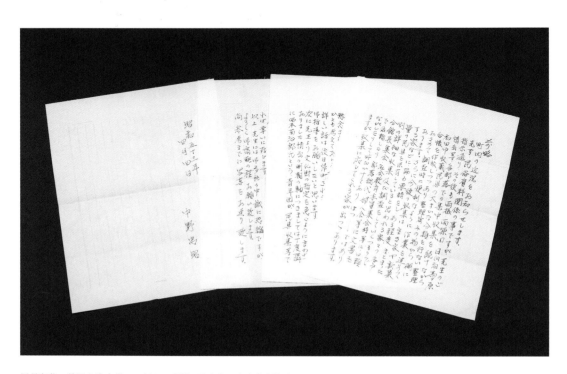

民具収集の状況を宮本常一へ伝える書簡。差出人は当時東和町(山口県周防大島)の民具収集の中心メンバーであった中野忠昭氏／昭和53年4月4日

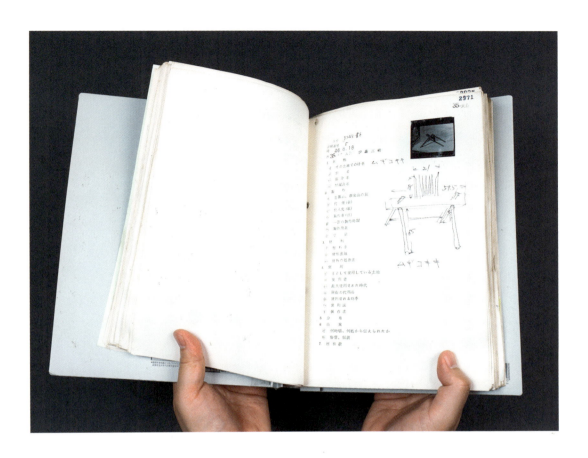

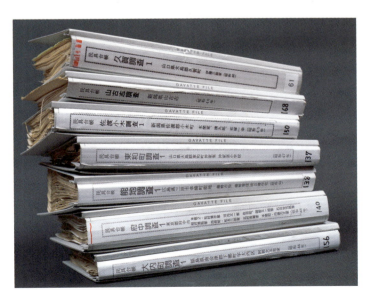

上　久賀町（山口県周防大島）で収集されたムギの穂と藁を選別するムギコキ機の調査カード。
下　民具調査台帳。宮本常一の指導の下、教え子たちによって失われていく民具の収集・記録・保存が各地で精力的に行われた。カードには、民具の名称、所有（使用）者、材質などが記録された。

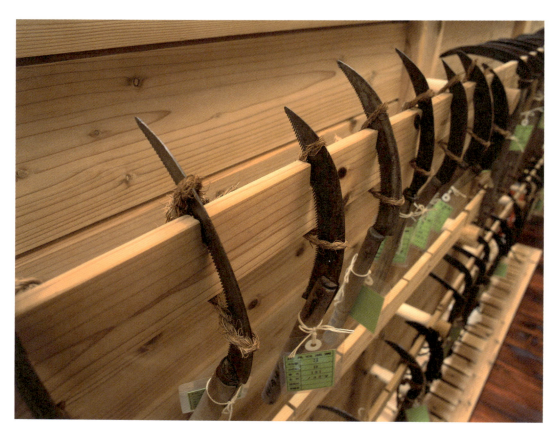

左頁　ノコガマ。稲を刈りとる時に用いる。角度が浅くノコの歯状の刃が特徴。水田耕作が主流であった1960年頃までは家族や親戚が総出になって一把一把、手刈りで稲を刈り取った。
右頁上　田畑の溝の土を掘り上げるフログワ（下段）と、土を耕すヨツゴ（上段）。
右頁下　カンコロキリ。サツマイモを薄く切ってカンコロを作る道具。カンコロは団子にして食べた。米の収量の少ないこの地にあって茶粥の増量にも用い、焙烙で煎ったカンコロ団子は子供のおやつでもあった。

家大工用のカンナ。周防大島東部では宮大工、家大工として四国や九州などに出稼ぎに出る者も多かった。

比較的大きい立木を伐採するザンギリノコ（左）と、原木（丸太）を板に製材するコビキノコ（右）。

古布や和紙を貼り合わせたマユカゴ。繭を集めたり保管したりするのに用いた。周防大島東部の東和地区では大正期から1950年頃まで生糸の原料となる繭の生産を目的とした養蚕が盛んに行われ、かつては県下でも有数の繭市も立った。

ただひろき　市場の中は　白きまゆ
　山とつまれて　人はたらけり
　　　　　　　　　　（宮本常一歌集「樹蔭」）

上　イトグルマ。糸を紡いだり、よりをかけたりする道具。糸紡ぎは主に女性の仕事であった。
下　クワカゴ。カイコのエサとなる桑の葉を摘み、集荷・運搬するのに用いた。

上　沖家室島で使われていたタイの一本釣りの道具。島では単純に具（グ）と呼んだ。指先で糸を手繰り獲物を狙う。
下　沖家室島で生産されていた「かむろ針」の針型。鋼線を針型にそって曲げて成型する。

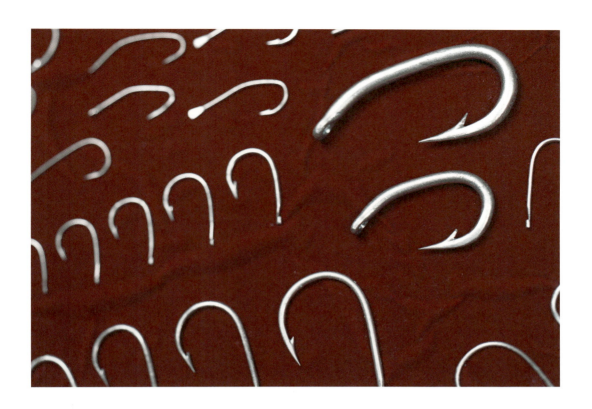

上　手製の「かむろ針」。タイやアジ、サバなど狙う魚種により大きさや形状が異なる。明治期から昭和戦前期の沖家室漁民の出漁にともない、朝鮮半島や台湾、青島でも使用された。
左　釣針を成型するときに用いるナマコ台。この台の上で鋼線を叩いたり、削ったりして形を整えていく。
右　鋼線を叩いて成型して釣針を作るカナヅチ。上が小型の針を得意とする播州式、下は大型の針を主に生産する土佐式のカナヅチ。

中央はギャフ。急所に突き刺して魚を〆るときに用いる。釣った魚は活〆にして鮮度を落とさないように運搬する。左はアサリなどを採るカイホリ。かつて周防大島には干潟も多く春先には潮干狩りの人で大いに賑わった。

左から、海藻類を巻き付けて引き上げるカイソウトリ、魚をいさる時に用いる四股・三股のカナツキ、一番右もカナツキ。いずれも柄の長さは3メートルに及ぶ。海の恵みを受けた人びとの暮らしを物語る。

イワシアミブネ。二艘の船が、網を投下しながら二手に分かれて魚群を囲み網を引き揚げる。カタクチイワシを釜でゆでて乾燥したイリコ（煮干し）は現在も周防大島の特産品である。

　島の西部は水田が広がったが、東の方は畑がほとんどで、甘藷、麦を多く作り、戦後昭和30年頃までは米を食うことは少なかった。米をたべるといっても茶粥にしてたべることが多かったのである。しかし海に面しているので、昭和の初め頃までは魚も多く、とくにイワシやサバ、アジなどが多くとれ、魚は毎日のようにたべられた。
　　　　　　　　　　　（「すばらしい食べ方」『食生活雑考』）

一本のフィルムで36枚の撮影が可能なアサヒフレックス

Ⅳ　写真資料

カメラレンズの向こう側

　私はカメラをメモがわりに使っている。これは何だろうと思うもの、記憶して
おきたいものなど何でも写しておく。いわゆる民俗学的資料以外のものもとって
おく。民俗的な資料や伝承は孤立して存在するのではなく、生活の一部として存
在するのである。するとその生活全体が一通りわかることが大切である。また古
いものがこわされて新しくなってゆく様も写真にしておく必要がある。

（『民俗学のすすめ』）

＊

　宮本常一が、カメラを調査に欠かせないパートナーとしはじめたのは、1955年
に36枚撮りのアサヒフレックスを購入した後からだったという。それまでは8枚
撮りコダックカメラ、もしくはブローニー判のカメラを使用していたようで、気
軽にカメラを使うことは少なかった。1960年からはハーフサイズのオリンパスペ
ンを愛用するようになり、ほとんどがワンシーンワンカット、まさにメモを取る
ように撮影するようになった（70-71頁のコンタクト参照）。

　宮本はそのような写真メモともいうべき手法について「記憶を積み重ねること
はむずかしくても、写真にしておくと積み重ねのできるものであるとともども比
較もできる」として、撮影順に整理して、記憶を呼び起こしていく資料としても
活かすことができると述べている。

　現在に残された宮本写真は、当館が所蔵するネガフィルムをスキャニングした
もので10万3151コマを数える。まさに昭和の時代を生きた人びとを写した長大な
絵巻物である。そしてまた、宮本常一著作集の編者である田村善次郎氏が「10万
枚の写真は持ち続けた疑問の集積であり、解決手がかりの塊なのである」と指摘
されているように、カメラのレンズを通して、宮本が地域に注いだまなざしの記
録でもある。

　自らの写真について宮本は「ここにかかげる写真は一見して何でもないつまら

ぬものが多い。家をとったり、山の杉林をとったり、田や畑をとったり。しかし私にはそれが面白いのである。そこには人間のいとなみがある」として、「忘れてはいけないというものをとった」と記している（『私の日本地図1　天竜川に沿って』）。

その土地の暮らしを支えてきたものとは何であったのか、また豊かな暮らしを得るために人びとはどのような工夫をしてきたのか、そしてこれから先の地域をさらに豊かにしていくには何が必要なのか、といった地域の課題を解くヒントをその土地の景観や日常生活とその変遷の中に探し、またそこから、地域の過去・現在・未来を考えていく宮本民俗学の姿勢を、宮本の一連の写真の中に見ることができる。

カメラを手にする宮本常一。アフリカ。1975年8月

さて、本図録には宮本の写真の整理、使い方をうかがい知ることのできるネガカバー、スクラップブックに写真を貼った台帳、そして近年製作したコンタクトシートを掲載し、最後にごく一部であるが宮本写真の雰囲気を感じていただけるよう10葉の写真を掲載している。

なお、当館では毎年1回、宮本写真を利用した企画展示を開催している。宮本の写真資料に特に関心のある方は、その真髄に触れるためのデジタル化した約10万コマすべてを館内で閲覧できる。また、宮本写真を網羅的に収録した『宮本常一写真日記集成』上・下・別巻、そのダイジェスト版である『宮本常一が撮った昭和の情景』上・下（いずれも毎日新聞社）や、故郷周防大島の写真を収録した『宮本常一の風景をあるく』全3巻（みずのわ出版）などが参考になると思われる。その他、季刊『しま』（日本離島センター）に連載されている「宮本常一写真を読む」では、複数の書き手が撮影地をあるき、地元の人から話を聞きながら、離島地域で宮本が撮影した写真を現代との比較のなかで解説している。

1957年8月から9月にかけて瀬戸内海をめぐった時のネガフィルムカバー。
撮影順にナンバリングして整理し、撮影地と撮影日が記されている。

上　写真帳には自筆のメモも書き込まれている。1957年5月名倉（愛知）調査時の写真帳。手札判あるいはコンタクトシートを貼り付けて整理した。
下　写真帳は地域別・年代順に整理され、いつでも取り出し記憶を辿れるように手許に置いていた。本館所蔵は171冊にのぼる。

151 酒ヤ　152 街…

153 干す　愛媛

155　156

左頁から大崎上島木ノ江（広島）の町並み、大三島（愛媛）で肥料用のアマモ干し、右頁から藻刈船、段々畑、木造の機帆船などを撮影。1957.8.27

周防大島（山口）日見→安下庄→長崎。西長寺などを見て、国鉄バスの車窓から撮影。1967.12.20-21

壱岐島・郷ノ浦→対馬・厳原（長崎）。平凡社の取材で長崎の
島々を写真家の芳賀日出男氏とともにめぐる。1962.8.3-4

上　水揚げ岸壁で大量の魚をトロ箱に詰める女性労働者。長崎市。1960.9.17
下　中型の木造漁船から網を陸揚げする漁師たち。我入道（静岡）1956.6.10

上　漁網の上でまどろむ子供。宮本の影が映り込む。見島宇津（山口）1962.8.30
下　子守をしながらの藁草履づくり。佐渡島小野見（新潟）1960.8.27

上　地蔵祭りの法要。御堂で世間話に花が咲く。佐渡島両津（新潟）1970.8.22-24
下　野良着に地下足袋履きで天秤棒を担ぐ。長島指江〜蔵之元（鹿児島）1960.4.22

庭先に莚をひき唐竿を使って豆を打ち脱穀する。美和町（山口）1971.8.24-30

上　会津西街道の宿場町・大内宿（福島）の家並みを一望する。1969.8.3
下　津原川沿いの家並みと洗い場。子供らが遊ぶ。周防大島久賀（山口）1960.4.29

嶽山の段々畑、水田と南麓の郷（右）と浜（左）の集落。周防大島油宇（山口）1966.12.23

空から見下す地上の風景は私に無限の夢をさそう。青い大海の中に浮ぶ島に人家を見出すと、「どうしてこのような島に住みついたのだろう。そしてどういう生活をたてているのだろうか」と考えてみる。

（『空からの民俗学』）

宮本常一略年譜

1907	明治40	8月山口県大島郡家室西方村（現・周防大島町）に生まれる。
1924	大正13	5月大阪高麗橋郵便局に勤務。
1927	昭和2	3月天王寺師範学校卒業、大阪府泉南郡有真香村修斉尋常小学校に訓導として赴任。
1929	昭和4	3月天王寺師範学校専攻科卒業、大阪府泉南郡田尻尋常小学校に訓導として赴任。
1930	昭和5	1月柳田國男編『旅と伝説』3-1に周防大島の民間伝承を記した「周防大島(1)」掲載。
1931	昭和6	3月大阪府教員を退職して、病気療養のため帰郷。周防大島の昔話・伝承などの採訪を行う。12月周防大島昔話集を整理し、柳田國男へ送る。柳田より返書来る。
1932	昭和7	3月大阪府泉北郡池田尋常高等小学校に代用教員として赴任。
1934	昭和9	3月泉北郡養徳尋常高等小学校に転任。10月小谷方明宅にて沢田四郎作に会う。京都大学で講演をする柳田國男に招かれ、関西在住の民俗研究者を教えられる。
1935	昭和10	2月泉北郡取石小学校に転任。4月第6回大阪民俗談話会で渋沢敬三と出会う。
1936	昭和11	7月『周防大島を中心としたる海の生活誌』（アチック・ミューゼアム）出版。
1937	昭和12	5月アチック・ミューゼアムの瀬戸内海巡航に同行。
1939	昭和14	10月小学校を退職し上京、アチックミューゼアムに入所。11月中国山地民俗採訪調査。以後、昭和17年まで民俗調査のため全国各地を訪ねる。
1943	昭和18	12月帰阪、奈良県立郡山中学校教授嘱託。
1945	昭和20	4月郡山中学校退職、大阪府嘱託として生鮮野菜需給対策を立てる。7月堺空襲にあい、家財・書籍・資料一切を焼失。10月戦災による帰農者を引率して北海道へ行く。
1946	昭和21	1月帰郷して農業に従事。
1949	昭和24	10月日本常民文化研究所復帰。農林省水産資料保存委員会調査員、主として瀬戸内海漁村の調査・文書収集にあたる。
1950	昭和25	7月八学会連合対馬調査に参加。民族学班に配属され主として漁業調査を行う。
1951	昭和26	7月九学会連合対馬調査。浅藻で梶田富五郎翁に会う。秋、能登時国家調査。
1952	昭和27	5月五島列島学術調査、経済史を担当。8月九学会連合能登調査、社会学班。
1953	昭和28	7月離島振興法制定。全国離島振興協議会幹事長、翌年5月事務局長（32年5月まで）、33年より顧問。12月全国離島振興協議会機関誌『しま』刊行、編集・執筆を精力的に行う。
1954	昭和29	12月林業金融調査会設立。山村経済実態調査にあたる（43年3月まで）。
1956	昭和31	5月中国新聞夕刊に「中国風土記」連載開始（11月まで161回）。
1958	昭和33	10月雑誌『民話』創刊。編集委員、「年よりたち」を連載。
1959	昭和34	7月九学会連合佐渡調査。11月『日本残酷物語』刊行開始。
1961	昭和36	6月『日本の離島』により日本エッセイストクラブ賞授賞。12月『瀬戸内海島嶼の開発とその社会形成—海人の定住化を中心に』により東洋大学から文学博士号授与。
1963	昭和38	8月九学会連合下北半島調査。
1964	昭和39	4月武蔵野美術大学非常勤講師、翌年より教授（52年3月まで、同年名誉教授）。民俗学・生活史を講義。主として民具研究に取り組む。
1966	昭和41	1月日本観光文化研究所設立（当初は資料室）。
1975	昭和50	11月日本民具学会設立、同会幹事。
1977	昭和52	4月周防猿まわしの復活に協力。
1980	昭和55	3月東和町郷土大学発足、「郷土の歴史」を講義。11月屋代ダム水没地域民俗緊急調査中間報告会（宮本最後の調査となる）。
1981	昭和56	1月逝去（73歳）。勲三等瑞宝章。

＊田村善次郎「宮本常一略年譜」（『宮本常一　同時代の証言・続』マツノ書店、2004年）より作成

あとがき

　本図録に収録した宮本常一関係資料はご遺族の厚意によって旧東和町（現周防大島町）へ寄贈されたものである。特に長男の宮本千晴氏には、当館の活動全般について現在も様々なご提言をいただいている。宮本資料の整理は開館に先立ち、本町出身の農学者・米安晟先生の主導のもとで開始され、当館設立も米安先生と、当時東和町職員だった故・中野忠昭氏の尽力によるところが大きい。その米安先生が先年逝去され、また長年にわたりご助言をいただいた舛重正一先生も鬼籍に入られた。中野氏、両先生の志を思うと、開館からの活動は何ほどか進んだのであろうかと自問することも多い。

　広島大学の高永茂先生、河西英通先生にも数年にわたり資料整理にご協力いただいた。同学地域貢献研究に資料整理という地道な事業が採択されたのも両先生のおかげである。

　自筆調査ノートを翻刻した『農漁村採訪録』は田村善次郎先生の協力をいただきながら刊行を継続している。本書執筆にあたっても田村先生の著作に学ぶところが多かった。

　さて、今回も森本孝氏に監修をお引き受けいただき、要を得たコメントを寄せていただいた。森本氏の監修があったからこそ本書は刊行することができた。菊本雅喜氏には民具収集の経緯などについてお話を聞かせていただいた。みずのわ出版の柳原一徳氏には当方のわがままな要望を聞いていただき撮影から編集まで本当にお世話になった。記してお礼を申し上げたい。

　この図録が宮本常一の足跡の幅広さと奥深さを知るきっかけになれば幸いである。

（髙木泰伸）

宮本常一記念館（周防大島文化交流センター）

開館時間：午前9時30分〜午後6時
休館日：水曜日（水曜祝日の場合は翌日）、
12月28日〜1月3日
展示室観覧料（常設展示）
一般（高校生以上）：300円
小・中学生：150円
団体割引あり。大島郡内の小・中学生は、無料。
山口県大島郡周防大島町平野417-11
Tel/Fax 0820-78-2514　〒742-2512
E-mail　koryu@town.suo-oshima.lg.jp

アクセス：車…山陽道玖珂ICより国道437号、約50分／平野バス停下車…JR山陽本線大畠駅より周防油宇行バスで約45分、伊保田港より大畠行バスで約25分

宮本常一コレクションガイド

2017年8月1日　初版第1刷発行
2018年1月1日　初版第2刷発行

編者　　宮本常一記念館（周防大島文化交流センター）
監修　　森本　孝
発行者　柳原一徳
発行所　みずのわ出版
　　　　山口県大島郡周防大島町西安下庄庄北2845
　　　　Tel/Fax 0820-77-1739　〒742-2806
　　　　E-mail mizunowa@osk2.3web.ne.jp
印刷　　株式会社山田写真製版所
製本　　株式会社渋谷文泉閣
装幀　　林 哲夫
プリンティングディレクション　黒田典孝（㈱山田写真製版所）

©SUO-OSHIMA Culture Exchange Center, 2017　Printed in Japan
ISBN978-4-86426-031-2 C0039